LA FONDATION
DV COLLEGE
MAZARINI,
AVEC LES LETTRES PATENTES
& Arrest d'enregistrement au Parlement.

A PARIS,
De l'Imprimerie d'Antoine Vitré.

M. DC. LXIX.

LA FONDATION
DV COLLEGE
MAZARINI.

ARDEVANT Nicolas le Vaſſeur & François le Foüyn Notaires Gardenottes du Roy noſtre Sire au Chaſtelet de Paris, souſſignez : Fut preſent Tres-Illuſtre & Eminentiſſime Monſeigneur Iules Cardinal Mazarini, Duc de Niuernois & Donziois, Pair de France, eſtant de preſent en ſon appartement au Chaſteau de Vincennes, lequel a declaré que depuis long-temps il auoit fait deſſein d'employer en des œuures de pieté & de charité vne ſomme conſiderable des grands biens qu'il a receus de ſa diuine Bonté, & de la magnificence du Roy, depuis qu'il a l'honneur d'eſtre employé aux plus importantes affaires de ſa Majeſté ; Qu'afin de paruenir à l'execution de ce deſſein, par vne Fondation qui peuſt eſtre à la gloire de Dieu, & à l'aduantage de l'Eſtat, il auoit fait de temps en temps vn amas de deniers comptans, par des œconomies & des eſpargnes des effets à luy

A

appartenans. Mais qu'ayant connu par experience qu'il estoit absolument necessaire d'auoir vn fonds asseuré de reserue, pour subuenir aux incertitudes des éuenemens & aux occasions pressantes & inopinées, principalement durant vne guerre tres-fascheuse, & contre de puissans ennemis ; & son Eminence sçachant que les Finances du Roy n'estoient point en estat de donner vn si prompt secours, a conserué ses espargnes pour en secourir le Roy s'il en estoit besoin, & pour soustenir & defendre la grandeur du Royaume, en cas de necessité, les succez n'estans pas toûjours auantageux. La guerre que sa Majesté auoit trouuée ouuerte lors de son aduenement à la Couronne, ayant esté terminée par vne Paix glorieuse, qui est entierement deuë à la Bonté diuine, aux Victoires des Armes du Roy, à la pieté de sa Majesté, & à la tendresse qu'elle a pour ses Peuples ; ayant pleu à sa Majesté de donner part de ce grand ouurage à son Eminence, qui y a employé tout ce qui estoit en son pouuoir, mondit Seigneur ne croyant plus que sa Majesté puisse estre pressée d'aucuns mauuais accidens, & pouuant mesme soulager notablement ses Peuples, à quoy elle a desia trauaillé par des retranchemens de despense de son Estat, au moyen de cette Paix generale, qui produit vn calme si heureux à toute la Chrestienté, estime qu'il peut faire maintenant l'employ de ses deniers, suiuant ses premiers desseins de pieté & de charité. Comme il a tousiours ses pensées attachées aux reconnoissances qu'il doit au Roy, & à ce qui peut produire vn plus grand bien, & vn plus grand honneur au Royaume, il a proposé à sa Majesté le dessein qu'il auoit d'establir de ses effets vn College & vne Academie pour l'instruction des Enfans qui auroient pris naissance à Pignerolles, son territoire, & aux vallées y jointes. Aux Prouinces d'Alsace, & aux pays d'Allemagne contigus en Flandres, en Artois, en Haynault, en Luxembourg, en Roussillon, en Conflans & en Sardagne, en ce qui en est reduit sous l'obeïssance du Roy, par le traité fait à Munster le vingt-quatriesme Octobre 1648. & par celuy de la Paix generale, fait en l'Isle appellée des Faisans, le septiesme Nouembre 1659. Que comme toutes ces Prouinces sont nouuellement venuës ou retournées sous la puissance du Roy, il estoit à propos de les y conseruer par les moyens les plus conuenables; Qu'on pouuoit les affermir & les lier au seruice de sa Majesté, en establissant dans la ville de Paris, qui est la capitale du Royaume, & le sejour ordinaire des Rois tres-Chrestiens, vn College & vne Academie, pour y nourrir, esleuer & instruire gratuitement des Gentils-hommes & des Enfans des principaux Bourgeois des Villes des Nations cy-dessus. Qu'on pouuoit aussi leur apprendre les veritables sentimens du Christianisme, la pureté de la Religion, la conduite des mœurs, & les regles de la discipline; n'y ayant point de lieu où toutes ces choses soient auec tant d'aduantages que dans ce Royaume. Que pendant ces instructions, ceux des Nations cy-dessus connoistroient ce qui est necessaire à leur salut, aux sciences, & à la police, & combien il est auantageux

A ij

d'eſtre ſoûmis à vn ſi grand Roy. Que ceux qui auroient ainſi pris leur education en France, porteroient ce qu'ils y auroient appris au païs de leur naiſſance, quand ils y retourneroient, & que par leurs exemples ils en pourroient attirer d'autres, pour venir receuoir ſucceſſiuement les meſmes inſtructions, & les pareils ſentimens. Qu'enfin toutes ces Prouinces deuiendroient Françoiſes par leur propre inclination, auſſi-bien qu'elles le ſont maintenant par la domination de ſa Majeſté ; A quoy mondit Seigneur le Cardinal Duc, par l'affection qu'il a eu au lieu de ſa naiſſance, vouloit joindre les Italiens de l'Eſtat Eccleſiaſtique, pour les obliger de plus en plus à continuer leur zele au ſeruice de la France. Le Roy ayant fait paroiſtre qu'il agreoit fort ce deſſein, & que les deniers des eſpargnes de ſon Eminence y fuſſent pluſtoſt employez que non pas à toutes autres choſes ; ayant auſſi ſa Majeſté approuué la reſolution qu'a priſe ſon Eminence de joindre audit College la Bibliotheque des Liures dont il a fait l'amas depuis pluſieurs années, de tout ce qui a eſté trouué de plus rare & de plus curieux tant en France qu'en tous les Pays eſtrangers, où il a ſouuent enuoyé des perſonnes tres-capables pour en faire la recherche, afin d'en faire vne Bibliotheque publique, pour la commodité, & pour la ſatisfaction des gens de Lettres ; Son Eminence ayant meſme pris le deſſein d'élire ſa ſepulture au College des Nations cy-deſſus.

Mondit Seigneur Cardinal Duc a fondé & fonde par ces preſentes, ſous le bon plaiſir de ſa Majeſté, vn College & vne Academie sous le nom & titre de Mazarini ; C'est à sçauoir : Le College, de soixante Escolliers des Enfans des Gentils-hommes ou des principaux Bourgeois de Pignerolles, son territoire, & les vallées y jointes : Et de l'Estat Ecclesiastique en Italie, des Prouinces d'Alsace, & autres Pays d'Allemagne contigus ; de Flandres, d'Artois, de Haynault, de Luxembourg, de Roussillon & Conflans, & de Sardagne, en ce qui en est reduit sous l'obeïssance du Roy, par les traitez faits à Munster, & en l'Isle appellée des Faisans, les vingt-quatriesme Octobre 1648. & septiesme Nouembre 1659. Et l'Academie de quinze personnes qui seront tirées dudit College des quatre Nations cy-dessus.

Que des soixante Escolliers dudit College, il y en aura quinze de Pignerolles, territoires & vallées y jointes. Et de l'Estat Ecclesiastique en Italie, preferant ceux de Pignerolles, territoires & vallées y jointes, à tous les autres : Les Romains en suite, & en defaut d'eux, ceux des autres Prouinces de l'Estat Ecclesiastique en Italie : Quinze du païs d'Alsace, & autres païs d'Allemagne contigus : Vingt du Païs de Flandres, Artois, Haynault & Luxembourg : Et dix du Païs de Roussillon, Conflans & Sardagne.

Les quinze personnes pour l'Academie, seront tirées du College sans aucune distinction desdites Nations, & si le College n'en peut fournir vn si grand nombre, le surplus jusques audit nombre de quinze, sera pris de personnes d'icelles Nations, encore qu'elles n'ayent point estudié audit College.

A iij

Les soixante Escoliers du College, & les quinze personnes de l'Academie seront logez, nourris & instruits gratuitement au moyen de la presente Fondation.

Les Gentils-hommes seront tousiours preferez aux Bourgeois, tant pour le College que pour l'Academie, & ceux qui auront le plus long-temps estudié au College, preferez à ceux qui y auront moins estudié, pour estre admis en l'Academie, pourueu que ceux qui auront le plus estudié soient également propres pour l'Academie.

Son Eminence se reserue le nom & le titre de Fondateur dudit College & de l'Academie. Et à son defaut, l'aisné de ceux qui porteront son nom & ses armes, aura les mesmes droits auec toutes les prerogatiues des Fondateurs.

Son Eminence, ou à son defaut l'aisné de ceux qui porteront son nom & ses armes, aura la nomination des soixante Escoliers du College, & des quinze de l'Academie, sans neantmoins qu'il puisse estre nommé aucune autre personne que des Nations & qualitez cy-dessus, & aux conditions cy-deuant énoncées. Il aura pareillement la nomination de l'Escuyer de l'Academie.

Mondit Seigneur le Cardinal Duc supplie treshumblement sa Majesté que la presente Fondation soit en sa protection perpetuelle, & des Roys ses successeurs.

Son Eminence prie aussi Messieurs les Gens du Roy du Parlement de veiller à la conseruation de la presente Fondation, tant pour le College & pour la Bibliotheque, que pour l'Academie, de les visiter quand il leur plaira, & de s'en faire representer les reglemens & les comptes, ce qu'ils pourront faire à tousiours, conjointement ou separément.

Son Eminence prie encore Messieurs de la maison & societé de Sorbonne, que les douze plus anciens Docteurs de ladite Maison & Société, qui y seront actuellement demeurans, & non d'autres, ayent la direction generale dudit College & de la Bibliotheque : & que ces douze nomment incontinent apres que l'establissement en sera fait, quatre Docteurs tels qu'il leur plaira de ladite Maison & Société de Sorbonne, pour estre les Inspecteurs dudit College & de la Bibliotheque; desquels quatre Inspecteurs, il y en aura deux qui n'en feront la fonction que pendant deux années apres l'establissement, & que de deux ans en deux ans il y en aura deux nommez au lieu des deux qui en deuront sortir; en sorte que desdits quatre Inspecteurs il y en ait tousiours deux anciens & deux nouueaux.

Si aucuns des Inspecteurs decedoient durant le temps de leurs fonctions, les Nominateurs en pourront nommer d'autres pour acheuer le temps de la fonction du decedé, & sont priez de ce faire incessamment, afin que les places soient tousiours remplies.

Mondit Seigneur le Cardinal Duc prie que ledit College soit du Corps de l'Vniuersité, pour en faire vn membre, & jouïr des mesmes priuileges & auantages en commun, outre ceux qu'il plaira à sa Majesté de luy attribuer en particulier.

Et que l'Academie ait les mesmes droits que les autres Academies.

L'establissement dudit College auquel la Bibliotheque est jointe, & de l'Academie, sera fait sous le bon plaisir du Roy en la Ville, Cité ou Vniuersité, ou aux faux-bourgs de Paris, en mesme ou diuers lieux, le tout selon que les Executeurs de la presente Fondation, cy-apres nommez, le trouueront plus à propos.

Le College sera composé d'vn Grand Maistre, qui sera Docteur de la Maison & Société de Sorbonne, & qui aura la superiorité, intendance & direction sur tous les autres Officiers du College & de la Bibliotheque, & sur tous les Escoliers. D'vn Procureur commun qui sera Docteur ou Bachelier de ladite Maison & Société de Sorbonne, selon qu'il plaira aux Nominateurs; de quatre Principaux, & quatre Sous-Principaux.

Le Grand Maistre en cas d'absence, maladie, ou legitime empeschement, pourra commettre telle personne que bon luy semblera, pour auoir en son lieu pareille superiorité, intendance & direction.

Le Procureur commun fera les receptes & despenses dudit College, sans toutefois qu'il puisse faire aucune despense extraordinaire, que de l'ordre par escrit du Grand Maistre, dont l'ordre suffira jusques à la somme de cent liures, & en cas de plus grande despense extraordinaire, sera pris l'ordre par escrit, tant

du

du Grand Maiſtre que des quatre Inſpecteurs de la Maiſon de Sorbonne.

Le Principal & le Sous-Principal de Pignerolles, territoires & vallées y jointes, & des Italiens de l'Eſtat Eccleſiaſtique ſeront de l'Ordre des Religieux Theatins, & choiſis par les Vocaux de la Maiſon de ſainte Anne la Royale, de la fondation de ſon Eminence. Et en cas qu'ils ſoient refuſans de nommer, ou qu'il n'y ait pas nombre ſuffiſant de Religieux dudit Ordre, ſoit de ladite Maiſon ou d'autres, les Nominateurs de la Societé & Maiſon de Sorbonne pourront auſſi nommer le Principal & le Sous-Principal, ou l'vn d'eux pour ladite Nation, ainſi que des autres.

Les Principaux des autres Nations ſeront Bacheliers de la Maiſon de Sorbonne, & les Sous-Principaux, tels qu'il plaira aux Nominateurs, pourueu qu'ils ſoient du nombre des ſuppoſts de l'Vniuerſité de Paris, les vns & les autres nommez par les douze anciens de la Maiſon & Societé de Sorbonne, comme il eſt dit cy-deſſus.

Plus il y aura audit College huit Claſſes & autant de Regents; ſçauoir ſix d'Humanitez & deux de Philoſophie, tous leſquels Regents ſeront Bacheliers en Theologie & nommez par le Grand Maiſtre.

Il y aura vn Chappelain auſſi nommé par le Grand Maiſtre, de telle qualité qu'il luy plaira.

Les ſeruiteurs communs dudit College ſeront auſſi nommez par le Grand Maiſtre; & le Principal de chacune Nation nommera les ſerui-

B

teurs particuliers pour le feruice de fa Nation.

Ne fera fait aucune diftinction des Nations pour tous les Officiers cy-deffus, tant communs que particuliers.

Les Nominateurs de la Maifon & Societé de Sorbonne, les grands Maiftres & les Principaux font priez de n'auoir autres confiderations que de nommer les plus capables eu efgard à la fonction à laquelle ceux qui feront nommez deuront eftre employez, & de prendre garde que les purs fentimens de la Religion & la probité des mœurs foient joints à la fuffifance.

Les Efcoliers de chacune Nation feront regis & gouuernez par les Principaux & Sous-Principaux eftablis pour leurs Nations; Chacun Sous-Principal foûmis à fon Principal, & les Principaux mefmes des Religieux de l'Ordre des Theatins foûmis au Grand Maiftre.

Les Officiers d'vne Nation feront independans des autres, & tous foûmis à la fuperiorité, intendance & direction du Grand Maiftre, comme dit eft.

Le Grand Maiftre fera foûmis aux quatre Infpecteurs, & ceux-cy aux douze plus anciens Docteurs de la Maifon & Societé de Sorbonne, y demeurans.

Les comptes du College, feront rendus par le Procureur commun d'iceluy, en la prefence du Grand Maiftre & des quatre Principaux, pardeuant les quatre Infpecteurs qui pourront vifiter le College & la Bibliotheque quand bon leur femblera.

A l'efgard de la Bibliotheque il y aura vn Bibliothecaire qui fera auffi nommé par les douze anciens Docteurs de la Maifon & Societé de Sorbonne y demeurans, vn fous-Bibliothecaire & deux feruiteurs de la Bibliotheque, lefquels fous-Bibliothecaire & feruiteurs, feront choifis par le Bibliothecaire qui en demeurera refponfable.

Le Bibliothecaire fera tenu fe charger des Liures de la Bibliotheque, dont il fera inuentaire, ou recollement de celuy qui en aura efté fait, dequoy il donnera trois coppies fignées de luy, l'vne entre les mains de Meffieurs les gens du Roy du Parlement, Vne autre qui fera mife en la Bibliotheque de la Maifon & Societé de Sorbonne, & vne autre entre les mains du Grand Maiftre du College.

Sera fait pareillement vn inuentaire ou memoire des manufcrits Grecs & Latins que mondit Seigneur le Cardinal Duc donne audit College, auec la Bibliotheque des Liures imprimez.

Sera auffi fait vn memoire des tablettes, tables, armoires, bancs & fieges feruans à ladite Bibliotheque, que fon Eminence donne encore par ces prefentes.

Veut fon Eminence que ladite Bibliotheque foit ouuerte à tous les gens de Lettres deux fois par chacune femaine, à tel jour qu'il fera aduifé par les quatre Infpecteurs, & par le Grand Maiftre dudit College.

Il y aura à l'Academie vn Efcuyer; vn Creat, vn Maiftre à dancer; vn Maiftre tant à faire des armes qu'à voltiger; vn Maiftre de Mathematiques, & les feruiteurs neceffaires.

B ij

L'Efcuyer fera nommé par fon Eminence, ou par l'aifné de ceux qui porteront fon nom & fes armes, & les autres Officiers nommez par l'Efcuyer.

Les quatre Infpecteurs & le Grand Maiftre pourront faire les reglemens pour la police particuliere du College & de la Bibliotheque, & l'Efcuyer ceux de la police particuliere de l'Academie.

Quant aux reglemens generaux, ils feront faits par fon Eminence ou par l'aifné de ceux qui porteront fon nom & fes armes, à la charge d'eftre veus, fçauoir pour le College & la Bibliotheque, par les douze anciens Docteurs de la Maifon & Societé de Sorbonne, y demeurans ; & ceux de l'Academie par deux Efcuyers des Academies du Roy.

Les reglemens tant generaux que particuliers, pourront eftre changez fuiuant les occurrences par les perfonnes & felon les formes cy-deffus, mais à la charge qu'il ne fera apporté aucun changement au deffein principal de la prefente Fondation, ny aux intentions de mondit Seigneur Cardinal Duc.

Mondit Seigneur fupplie tres-humblement fa Majefté d'agréer & autorifer la prefente Fondation auec toutes les circonftances & dependances, & d'en accorder toutes Lettres neceffaires, auec les droits, exemptions & priuileges qu'il luy plaira, & que les Lettres en foient verifiées & regiftrées au Parlement de Paris, aux autres Compagnies fouueraines, & par tout ailleurs où befoin fera.

Pour faire l'achapt des places neceffaires à l'eftabliffement dudit College, de la Bibliotheque & de l'Academie, payement des droits d'amortiſſement & indemnité, baſtimens, emmeublement, ornemens, linge d'Egliſe, cheuaux pour l'Academie, vſtanciles, & toutes autres deſpenſes, & pour les ſubſiſtances dudit College & de l'Academie, meſme pour l'achapt de quelques Liures pendant l'année, afin d'eſtre adjouſtez à la Bibliotheque; Mondit Seigneur le Cardinal Duc veut que ſur les plus clairs de ſes deniers comptans de ſes œconomies & eſpargnes, dont il eſt cy-deuant fait mention, & de ſes autres effets, il ſoit pris deux millions de liures, & icelle ſomme miſe entre les mains des ſieurs Executeurs de la preſente Fondation, par les ordres deſquels ſeront faits les achapts, baſtimens & autres deſpenſes, ſelon qu'ils jugeront, le tout plus à propos, & conformément aux intentions que ſon Eminence leur a declarées.

Que tout ce qui reſtera de ladite ſomme de deux millions de liures, apres le payement des places, baſtimens, & autres choſes neceſſaires pour l'entier eſtabliſſement, ſera mis en fonds d'heritages ou rentes, par les mains deſdits ſieurs Executeurs pour ſubuenir à la ſubſiſtance, reparations & entretenemens dudit College, de la Bibliotheque, & de l'Academie.

Plus mondit Seigneur le Cardinal Duc donne audit College, Bibliotheque & Academie quarantecinq mille liures de rente à luy appartenant, ſur l'Hoſtel de Ville de Paris, de la nature qu'elles ſont, dont il ne ſe paye à preſent que quinze mille liures effectifs par chacun an, fans autre garantie defdites rentes, finon qu'elles luy appartiennent.

Et d'autant que ce que deſſus ne pourra fatisfaire à l'entier eſtabliſſement & à la fubfiſtance de la prefente Fondation, mondit Seigneur le Cardinal Duc fupplie tres-humblement fa Majeſté que le reuenu temporel de l'Abbaye de faint Michel en l'Herm, dont fon Eminence eſt à prefent titulaire, en quoy que ledit reuenu fe puiſſe confiſter, foit vny audit College, Bibliotheque & Academie : & que mefme le titre de ladite Abbaye foit fupprimé, y ayant aſſez de confiderations particulieres pour ladite vnion & fuppreſſion, en referuant vne fomme telle qu'il fera ordonné par fa Majeſté, pour l'entretenement des baftimens, & pour le nombre des Preſtres feculiers que fa Majeſté jugera neceſſaire pour y faire le Seruice diuin & fubuenir aux frais dudit Seruice; fuppliant tres-humblement fa Majeſté que les Preſtres feculiers y foient commis par les quatre Infpecteurs dudit College, & que lefdits Preſtres foient reuocables à volonté.

Et ſi tout ce que deſſus n'eſtoit point encore trouué fuffifant par les fieurs Executeurs de ladite Fondation, mondit Seigneur le Cardinal fupplie encore tres-humblement fa Majeſté d'y joindre & vnir quelque autre Benefice, auec pareille fuppreſſion de titre ou autres conditions, afin que ladite Fondation que fon Eminence a eſtimé vtile & auantageufe à la Religion & au Royaume, puiſſe fubfiſter à jamais.

Sa Majeſté eſt auſſi tres-humblement fuppliée de

faire expedier les Breuets, Lettres & autres actes necessaires pour l'execution de tout ce que dessus, d'en faire faire les instances à Rome par ses Ambassadeurs, & que le tout soit fait, homologué, confirmé, verifié & regiftré par tout où besoin sera, afin que la presente Fondation & l'execution d'icelle, puisse estre faite, entretenuë & executée à jamais.

Et pour Executeurs de ladite presente Fondation jusques à l'actuel establissement du College, de la Bibliotheque & de l'Academie, mondit Seigneur le Cardinal Duc nomme Messire Guillaume de la Moignon, Cheualier, Conseiller du Roy en tous ses Conseils, Premier President au Parlement. Messire Nicolas Foucquet aussi Conseiller du Roy en tous ses Conseils, Procureur General de sa Majesté, & Sur-Intendant des Finances de France ; Messire Michel le Tellier Conseiller du Roy en ses Conseils, Secretaire d'Estat & des Commandemens de sa Majesté, Messire Zongo Ondedei Euesque de Frejus ; & Messire Iean Baptiste Colbert Conseiller du Roy en ses Conseils, Intendant des Maisons & affaires de son Eminence.

Aufquels sieurs Executeurs & à chacun d'eux, les vns en l'absence des autres, mondit Seigneur le Cardinal Duc donne pouuoir de faire & agir tout ce qui sera necessaire pour l'entiere execution de la presente Fondation, tant pour l'achapt des places que pour les bastimens communs & particuliers, Eglise, & toutes les choses en dependantes en la forme & maniere, & en tel lieu que lesdits sieurs Executeurs aduiferont, & pour les nourritures, retributions, appointemens, gages, falaires des Officiers du College, de la Bibliotheque & de l'Academie, & d'en faire le partage entre lefdits Officiers, ainfi que lefdits fieurs Executeurs verront bon eftre.

En cas de deceds d'aucuns defdits fieurs Executeurs, les furuiuans en nommeront d'autres en la place des decedez, en telle forte que le nombre foit toufiours complet, jufques à ce que la prefente Fondation foit actuellement & entierement executée.

Ce qui a efté ainfi dicté & nommé par mondit Seigneur le Cardinal Duc aufdits Notaires fouffignez, & par l'vn d'eux, l'autre prefent, releu à fon Eminence, qui a declaré que telle eft fa volonté pour valoir par forme de difpofition teftamentaire à caufe de mort ou autrement, en la meilleure forme que faire fe peut, & que s'il manque quelque chofe pour l'execution & interpretation de fa volonté, il s'en remet entierement aux ordres qui feront donnez par lefdits fieurs Executeurs de la prefente Fondation, lefquels il veut eftre fuiuis entierement, & en toutes chofes, fans aucune referue, tout ainfi que fi fon Eminence l'auoit elle-mefme ordonné. Ce fut fait, dicté, nommé & releu, comme deffus, audit Chafteau de Vincennes en l'appartement de fon Eminence, l'an mil fix cents foixante-vn, le fixiéme jour de Mars auant midy, & a figné.

Signez, LE VASSEVR, & LE FOVYN.

LOVIS

LOVIS par la grace de Dieu, Roy de France & de Nauarre: A tous presens & à venir, Salut. Bien que la conduite que nostre tres-cher & tres amé Cousin le feu sieur Cardinal Mazarini a tenuë, soit en paix soit en guerre, pour l'administration de nos affaires, soit remplie d'vne infinité de grandes actions, & d'autant d'illustres marques d'vne ardente affection par l'augmentation de nostre gloire, l'agrandissement de nostre Estat, & les auantages particuliers de nos Sujets: Il faut neantmoins auoüer que rien n'a d'auantage signalé son zele pour la France, que le dessein qu'il a formé pour l'establissement d'vn College pour l'education des jeunes Gentils-hommes, nais dans les païs nouuellement soûmis à nostre obeïssance. Car en effet quoy que son grand courage se soit fait connoistre à soustenir auec reputation vne longue guerre pendant nostre minorité contre des ennemis puissans, sa sagesse à assoupir les mouuemens interieurs de nostre Royaume, & la prudente conduite de son heureux genie dans la conclusion de la paix generale, qui a rendu à nos Estats ses premieres limites, & restably l'ancienne reputation des François. Neantmoins il paroistra tousiours bien plus facile de nous conquerir des Prouinces par la force de nos armes, & de nous acquerir de nouueaux Sujets que d'en gagner les cœurs, & de les rendre veritablement François: C'est cependant ce que s'est heureusement proposé de faire

C

noſtredit Couſin le Cardinal Mazarini, par l'eſtabliſſement dudit College, dans lequel faiſant donner aux jeunes Gentils-hommes, yſſus des païs reü-
nis à noſtre Couronne, vne education Françoiſe,
& leur inſpirant inſenſiblement la douceur de noſtre
domination, il effacera dans leurs cœurs par la re-
connnoiſſance d'vn traittement ſi fauorable tous les
ſentimens d'vne affection eſtrangere, & y grauera
profondement par vne noble inſtitution les caracte-
res d'vne amour ſincere & fidelle pour noſtre perſonne & pour noſtre Eſtat. Et voulant fauoriſer en
tout ce qui dependra de nous vn ſi grand & glo-
rieux deſſein, & ſi digne du rang que noſtredit
Couſin tenoit dans l'Egliſe, & prés noſtre Perſonne:
A CES CAVSES, & autres conſiderations à ce
nous mouuans, de l'aduis de noſtre Conſeil, qui a
veu le Contract cy-attaché ſous le contre-ſeel de
noſtre Chancellerie, paſſé par noſtredit Couſin le
feu ſieur Cardinal Mazarini, pardeuant le Foüyn &
le Vaſſeur, Notaires au Chaſtelet de Paris, par lequel noſtredit Couſin auroit fondé vn College &
Academie dans noſtre bonne Ville de Paris, pour y
inſtruire gratuitement aux exercices de corps & d'eſprit conuenables à la Nobleſſe les jeunes Gentils-
hommes qui auroient pris naiſſance à Pignerolles,
ſon territoire & vallées y jointes aux Prouinces
d'Alſace & Païs d'Allemagne qui y ſont contigus en
Flandres, Artois, Haynault, Luxembourg, Rouſſillon, Conflans & en Sardagne, en ce qui nous
appartient en tous leſdits Païs, & ce qui en eſt

demeuré fous noftre obeïffance par le Traité de Munfter du 24. Octobre 1648. Et par celuy de la Paix generale, concluë en l'Ifle des Faifans le 7. Nouembre 1659. Enfemble pour les enfans nais en Italie dans l'Eftat Ecclefiaftique, auec claufe qu'vne grande Bibliotheque appartenante à noftredit Coufin demeureroit jointe & vnie audit College & Academie, nous auons confirmé, loüé & approuué, & par ces prefentes fignées de noftre main, confirmons, loüons & approuuons la Fondation portée par ledit Contract, que nous voulons eftre executé de point en point felon fa forme & teneur; lequel College & Academie nous voulons eftre nommé & appellé du nom de Mazarini: Et pour donner des marques plus expreffes de la fatisfaction que nous auons dudit eftabliffement, voulons & nous plaift que ladite Fondation foit cenfée & reputée Royale, & jouïffe des mefmes auantages, priuileges & prerogatiues que fi elle auoit efté par nous faite & inftituée. SI DONNONS EN MANDEMENT à nos amez & feaux Confeillers les gens tenans noftre Cour de Parlement à Paris, gens de nos Comptes & Cour des Aydes audit lieu, que ces prefentes ils ayent à regiftrer & faire executer ledit Contract de Fondation portée par iceluy, felon fa forme & teneur, ceffans & faifans ceffer tous troubles & empefchemens qui pourroient eftre mis ou donnez au contraire. Car tel eft noftre plaifir; Et afin que ce foit chofe ferme & ftable à toufiours, nous auons fait mettre noftre feel à cefdites prefentes, données à

S. Germain en Laye, au mois de Iuin, l'an de grace 1665. Et de noſtre Regne le vingt-trois : Signé, LOVIS ; Et ſur le reply, Par le Roy, DE GVENEGAVD, & ſeellées du grand Sceau de cire verte. Et ſur le meſme reply eſt eſcrit, *Viſa ;* Pour ſeruir aux Lettres patentes, portant confirmation de la fondation du College Mazarini.

Regiſtrées, oüy le Procureur general du Roy, pour eſtre executées ſelon leur forme & teneur, aux charges portées par l'Arreſt de ce jour. A Paris en Parlement le 14. Aouſt 1665. Signé, ROBERT.

EXTRAIT DES REGISTRES de Parlement.

VEv par la Cour les Lettres patentes du Roy, données à S. Germain au mois de Iuin dernier, Signées, LOVIS, ſur le reply, Par le Roy, DE GVENEGAVD, & ſeellées du grand Seau de cire verte ; Par leſquelles & pour les cauſes y contenuë, ledit Seigneur Roy, auroit confirmé, loüé, & approuué la Fondation faite par ſon Eminence, le ſieur Cardinal Mazarini, par Contract paſſé pardeuant le Foüyn & le Vaſſeur, Notaires au Chaſtelet de Paris ; par lequel il auroit fondé vn College & Academie dans cette Ville de Paris, pour y inſtruire gratuitement aux exercices de corps & d'eſprit, conuenables à la Nobleſſe les jeunes Gentils-hommes qui auroient pris naiſſance à Pignerolles, ſon territoire & vallées y jointes aux Prouinces d'Alſace, & Païs d'Allemagne qui y ſont contigus ; en Flandres, Artois, Hainault, Luxembourg, Rouſſillon, Conflans, & en Sardagne, en ce qui appartient & eſt demeuré ſous l'obeïſſance de ſa Majeſté par le Traité de Munſter du 24. Octobre 1648. & par celuy de la Paix generale, concluë en l'Iſle des Faiſans le 7. Nouembre 1659. Enſemble pour les enfans nais en Italie, dans l'Eſtat Eccleſiaſtique; auec clauſe, qu'vne grande Bibliotheque, appartenante audit feu ſieur Cardinal Mazarini, demeureroit jointe & vnie audit College & Academie, ſoient nommez du nom de Mazarini, & que ladite Fondation ſoit cenſée & reputée Royale, & jouïſſe des meſmes aduantages, priuileges & prerogatiues, que ſi elle auoit eſté faite par ledit Seigneur Roy, ainſi que plus au long le contiennent leſdites Lettres à la Cour addreſſantes. Veu auſſi ledit Contract de Fondation du 6. Mars 1661. ſigné le Vaſſeur & le Foüyn, Notaires. Concluſions du Procureur general. Ouy le rapport de Mᵉ Pierre de Brilhac, Conſeiller : Tout conſideré ; LADITE COVR a ordonné & ordonne, que leſdites Lettres & Contract de Fondation ſeront regiſtrez au Greffe d'icelle, pour eſtre executez ſelon leur forme & teneur, à la charge que nul Principal ne pourra eſtre receu qu'il ne ſoit nay dans les terres dudit Seigneur Roy, & qu'il n'ait obtenu Lettres de naturalité, bien & deuëment verifiées ; Et outre que les Lettres d'Oeconomat du

20. May 1662. verifiées en ladite Cour le 23. May enſuiuant, feront executées ſelon leur forme & teneur, en attendant que ſur les conſentemens portez par le Contract du 18. Aouſt 1664. les Bulles d'vnion audit College de l'Abbaye de S. Michel en l'Herm, ayent eſté obtenuës auec les Lettres patentes du Roy pour les autoriſer. Fait en Parlement le 14. Aouſt 1665. Collationné, ſigné, ROBERT.

Collationné aux Originaux par moy Conſeiller Secretaire du Roy, Maiſon Couronne de France & de ſes Finances, du College ancien.

www.ingramcontent.com/pod-product-compliance
Lightning Source LLC
Chambersburg PA
CBHW070540050426
42451CB00013B/3102